Padre Marcelo Rossi

Agapinho

Ágape para crianças

ilustrações
Thais Linhares

principium

Preparação de texto
Évia Yasumaru
Revisão
Erika Nakahata e Ana Maria Barbosa
Consultor de texto infantil
Cláudio dos Anjos
Capa e projeto gráfico
Gisele Baptista de Oliveira
Foto de capa
Eduardo Barillari
Ilustrações
Thais Linhares

Os direitos autorais do autor serão revertidos para a construção do novo santuário.

Texto fixado conforme as regras do Acordo Ortográfico da Língua Portuguesa (Decreto Legislativo nº 54, de 1995).

Dados Internacionais de Catalogação na Publicação (CIP)
(Câmara Brasileira do Livro, SP, Brasil)

Rossi, Marcelo
Agapinho – Ágape para crianças / Marcelo Rossi; ilustrações Thais Linhares. – São Paulo: Globo, 2012.

ISBN 978-85-250-5117-2

1. Bíblia – Literatura infantojuvenil
I. Linhares, Thais. II. Título.

12-01454 CDD-028.5

Índices para catálogo sistemático:
1. Bíblia : Literatura infantil 028.5
2. Bíblia : Literatura infantojuvenil 028.5

1ª edição, 2012 - 1ª reimpressão, 2012

Direitos da edição em língua portuguesa
adquiridos por Editora Globo S.A.
Av. Jaguaré, 1.485 – Jaguaré
São Paulo – SP – 05346-902 – Brasil
www.globolivros.com.br

Aos meus pais, Vilma e Antônio
Ao meu saudoso avô Alfredo
Às minhas irmãs, Martinha e Mônica
Aos meus sobrinhos, Lucas e Matheus
Aos meus tios, Ede e Wilson
Ao meu padrinho Sérgio

Porque família é tudo.

Minhas amadas crianças,

Quero começar esta carta desejando um forte Ágape para vocês.

O que é Ágape? É uma palavra grega. Os gregos antigos usavam palavras diferentes para definir os vários tipos de amor. Ágape é o amor generoso, o amor sem limites, aquele que não exige nada em troca. Exatamente como é o amor de Deus pelos Seus filhos.

Ágape é a melhor palavra para definir o Amor Divino. Ágape também é o amor que transmitimos para as outras pessoas quando trazemos o amor de Jesus em nossos corações.

Vou contar como surgiu a ideia deste livro que escrevi especialmente para vocês. Em 2010, eu lancei *Ágape* para o público adulto. Aquele foi um ano muito difícil para mim. Precisei ficar numa cadeira de rodas por um bom tempo depois de levar um tombo enquanto corria numa esteira elétrica.

Foi durante a minha recuperação que recebi de Deus a inspiração para escrever *Ágape* para adultos.

Nem em sonho eu poderia imaginar o que aconteceria logo depois. O livro vendeu milhões de exemplares. Isso significa que milhões de pessoas foram abençoadas com o amor de Jesus, o Amor Ágape.

Viajei o Brasil de norte a sul para cumprir a missão de levar esse Amor Ágape para o maior número de pessoas possível. Aonde eu ia, as pessoas vinham me contar o quanto o livro tinha sido importante para elas.

E isso continua acontecendo porque Ágape é amor em movimento, amor sem limites, amor que não para. Todos os dias, em meu programa de rádio, as pessoas relatam os milagres que o Amor Ágape realizou em suas vidas.

Em minhas andanças, percebi crianças interessadas em *Ágape*. Ou porque viram os adultos com o livro na mão ou porque seus pais contaram a elas algumas das histórias que lá estão.

Essas crianças me procuravam querendo saber mais sobre a vida de Jesus. Queriam saber, queriam descobrir, queriam conhecer o Amor Ágape.

Lembrei que Jesus disse: "Vinde a mim as criancinhas!". E pensei em escrever um livro especialmente para elas. Assim nasceu *Agapinho – Ágape para crianças*.

O livro foi todo inspirado no Evangelho de São João. Na Bíblia existem quatro evangelhos. Há o Evangelho de São João, de São Mateus, de São Lucas e de São Marcos.

Escolhi falar sobre São João porque ele era especial. João era um dos muitos discípulos de Jesus, ele seguia os Seus ensinamentos. Também era um dos apóstolos mais queridos. Apóstolo é o discípulo escolhido para contar a todos o que Jesus ensinou.

Em seu Evangelho, João conta importantes momentos da vida de Jesus. Narra como Ele realizou os milagres e como falava para as pessoas sobre o amor de Deus.

O apóstolo João teve o mais profundo Amor Ágape por Jesus durante todo o tempo em que conviveram. João era chamado de discípulo amado.

Quando Jesus foi crucificado, João ajoelhou aos seus pés, ao lado de Maria e Maria Madalena, e ali ficou em oração. Do alto da cruz, Jesus entregou Sua mãe, Maria, aos cuidados de João, porque confiava nele como se fosse um irmão, porque o Amor Ágape os unia.

Cada capítulo deste livro começa com um trecho do Evangelho de São João. Vocês irão perceber que nesses textos bíblicos há vários números. Essa numeração existe porque a Bíblia é um livro bem grande que reúne muitas histórias. Por isso, é organizada em capítulos. Esses capítulos são divididos em versículos, números que marcam parágrafos curtos dos textos bíblicos.

Essa divisão é feita para ajudar os leitores a encontrar os trechos que querem ler na Bíblia. Por exemplo, se vocês quiserem encontrar na Bíblia a parte que fala sobre o Bom Pastor, devem procurar no Evangelho de São João, capítulo 10, do versículo 1 ao 15.

Encerro cada capítulo deste livro com uma oração que escrevi especialmente para vocês. Porque não há melhor maneira de conversar com Deus. É com o simples gesto de fechar os olhos, unir as mãos e pronunciar belas palavras que nos aproximamos de Deus e renovamos nossa fé.

Agora que vocês já sabem o significado da palavra, quero repetir os meus votos de um forte Ágape.

"Vinde a mim as criancinhas!" foi o que disse Jesus. E eu digo vão, minhas amadas crianças. Aproximem-se Dele. Sem medo, sem lágrimas, com alegria! Deixem que o Amor Divino ilumine o pequeno grande coração de cada um de vocês.

Com as bênçãos do

Padre Marcelo Rossi

Sumário

1. O Verbo divino

Evangelho de São João

Capítulo 1

1 No princípio era o Verbo, e o Verbo estava junto de Deus
e o Verbo era Deus. 2 Ele estava no princípio junto de Deus.
3 Tudo foi feito por ele, e sem ele nada foi feito. 4 Nele havia
a vida, e a vida era a luz dos homens. 5 A luz resplandece
nas trevas, e as trevas não a compreenderam. 6 Houve um
homem, enviado por Deus, que se chamava João. 7 Este veio
como testemunha, para dar testemunho da luz, a fim de que
todos cressem por meio dele. 8 Não era ele a luz, mas veio para
dar testemunho da luz. 9 [O Verbo] era a verdadeira luz que,
vindo ao mundo, ilumina todo homem. 10 Estava no mundo
e o mundo foi feito por ele, e o mundo não o reconheceu. 11
Veio para o que era seu, mas os seus não o receberam. 12 Mas
a todos aqueles que o receberam, aos que creem no seu nome,
deu-lhes o poder de se tornarem filhos de Deus, 13 os quais
não nasceram do sangue, nem da vontade da carne, nem da
vontade do homem, mas sim de Deus. 14 E o Verbo se fez car-
ne e habitou entre nós, e vimos sua glória, a glória que o Filho
único recebe do seu Pai, cheio de graça e de verdade. 15 João
dá testemunho dele, e exclama: Eis aquele de quem eu disse:
O que vem depois de mim é maior do que eu, porque existia
antes de mim. 16 Todos nós recebemos da sua plenitude graça
sobre graça. 17 Pois a lei foi dada por Moisés, a graça e a ver-
dade vieram por Jesus Cristo. 18 Ninguém jamais viu Deus.
O Filho único, que está no seio do Pai, foi quem o revelou.

Como é lindo o começo do Evangelho de São João! O apóstolo tenta descrever com palavras a grandiosidade da criação do Universo. Usa a palavra Verbo. Uma palavra misteriosa como até hoje é misterioso o início de tudo.

O Verbo era a luz que existia antes que céus, terras, mares e galáxias fossem criados. Essa luz foi a fonte da vida. Tudo nasceu desse poderoso clarão. São João não fala como isso aconteceu. Não diz se foi com uma grande explosão ou se a humanidade evoluiu de alguns animais. O que ele diz é que por trás de tudo o que foi criado há o toque divino, o dom de Deus, a luz eterna do Verbo.

Logo depois São João nos conta que o Verbo se fez carne e habitou entre nós. Ele está falando de Jesus. Foi desse modo que Deus se revelou para nós. Tornou-se homem. Um homem chamado Jesus, que habitou a Terra por um tempo. O homem que trouxe a Luz Divina para todos. Trouxe o Verbo, o Amor Ágape. E por isso é chamado de Filho de Deus.

São João fala também em João Batista, o primo de Jesus. Chama-o de Anunciador porque João Batista foi enviado por Deus para preparar a chegada de Cristo. Ele contava para todos que o Filho de Deus em breve estaria entre os homens. Mais tarde foi ele quem batizou Jesus.

Por fim, São João fala em Moisés, aquele que recebeu de Deus as tábuas com os dez mandamentos. Por isso diz que Moisés tinha as leis, mas a graça e a verdade vieram de Jesus, que foi o mensageiro de Deus.

Cristo, João Batista e Moisés eram Filhos da Luz. Todos nós, que acreditamos nas palavras de Jesus, somos Filhos da Luz. Cada palavra dita por Ele é como uma chama que ilumina e aquece nosso coração. Os ensinamentos de Jesus são como a luz do farol que orienta os navios perdidos na escuridão do mar.

Às vezes acontece de nos perdermos também. Em alguns momentos as trevas tomam conta de nossa vida. Quando a gente se sente só, sem saber para onde ir. Quando somos obrigados a nos separar de alguém de quem gostamos muito. Quando há alguma discussão em família. Quando brigamos com o nosso melhor amigo.

Nessas horas devemos nos lembrar das palavras de Jesus. Elas são como lanternas que iluminam a escuridão. São como setas que indicam a direção correta. Tudo o que temos a fazer é seguir em frente e deixar que Jesus ilumine o nosso caminho.

Claro que é muito mais fácil andar pela luz do que pelas trevas. Você já tentou andar num quarto escuro? Dá medo, sentimos insegurança, não sabemos para que lado ir, esbarramos nas coisas, caímos, nos machucamos.

A escuridão nos leva a cometer erros. Errar todo mundo erra, isso é natural, não somos perfeitos. Errando, a gente aprende. Mas quem vive nas trevas, fechado no quarto escuro, permanece no erro. Não pode se movimentar direito, não consegue encontrar a saída.

No escuro ninguém sabe para onde vai. Mas quando a luz se acende, ah, que maravilha! Tudo se revela, tudo fica mais fácil.

Jesus disse: "Eu sou a luz do mundo". Disse mais: "Quem me segue não andará nas trevas, mas terá a luz da vida". Deixe que a luz de Deus more em seu coração. E ilumine a sua vida.

Oração

Meu Pai do Céu,
Eu quero ser filho da Luz.
Meu Pai do Céu,
Ilumina o meu caminho,
Aonde quer que eu vá.
Sempre que me perder
Quero Tua luz me guiando,
Sê Tu o meu farol.

Meu Pai do Céu,
Derrama a Tua luz divina
Sobre a minha casa,
Sobre a minha família,
Sobre os meus amigos,
Sobre todos aqueles
Que por não conhecer Tua luz
Vivem na escuridão.

Meu Pai do Céu,
Quero a Tua luz
Iluminando meus passos.
Quero a Tua luz
Brilhando em meu coração.
Quero ser um espelho
Refletindo a Tua luz
Refletindo o Teu amor.

Amém.

2. As bodas de Caná

Evangelho de São João

Capítulo 2

1 Três dias depois, celebravam-se bodas em Caná da Galileia, e
achava-se ali a mãe de Jesus. **2** Também foram convidados Je-
sus e os seus discípulos. **3** Como viesse a faltar vinho, a mãe de
Jesus disse-lhe: Eles já não têm vinho. **4** Respondeu-lhe Jesus:
Mulher, isso compete a nós? Minha hora ainda não chegou. **5**
Disse, então, sua mãe aos serventes: Fazei o que ele vos disser.
6 Ora, achavam-se ali seis talhas de pedra para as purificações
dos judeus, que continham cada qual duas ou três medidas. **7**
Jesus ordena-lhes: Enchei as talhas de água. Eles encheram-nas
até em cima. **8** Tirai agora, disse-lhes Jesus, e levai ao chefe dos
serventes. E levaram. **9** Logo que o chefe dos serventes provou
da água tornada vinho, não sabendo de onde era (se bem que o
soubessem os serventes, pois tinham tirado a água), chamou o
noivo **10** e disse-lhe: É costume servir primeiro o vinho bom e,
depois, quando os convidados já estão quase embriagados, ser-
vir o menos bom. Mas tu guardaste o vinho melhor até agora.
11 Esse foi o primeiro milagre de Jesus; realizou-o em Caná da
Galileia. Manifestou a sua glória, e os seus discípulos creram
nele. **12** Depois disso, desceu para Cafarnaum, com sua mãe,
seus irmãos e seus discípulos; e ali só demoraram poucos dias.

Que mulher sábia era Maria, a mãe de Jesus! Veja com que paciência e delicadeza ela resolveu o problema. Quando soube que o vinho havia acabado, discretamente foi avisar o filho. Alguém precisava fazer alguma coisa para salvar a festa! Jesus prefere não se envolver. Podia parecer pouco educado, já que Ele e a mãe eram apenas convidados.

Jesus acha que não era o momento de milagres, então diz à mãe: "Minha hora ainda não chegou". Mas Maria conhecia bem o filho que tinha. Sabia que Ele poderia encontrar uma solução. Jesus era bom e obediente. Ela não insistiu, não reclamou, não brigou, não levantou a voz. Estava certa de que Ele atenderia ao pedido dela. Tanto que diz aos servos: "Fazei o que Ele vos disser". Fala isso antes mesmo de Jesus tomar uma decisão.

E Jesus se decide enfim. Transforma água em vinho! Foi o primeiro dos muitos milagres que fez na vida. A festa seguiu em frente para a alegria dos noivos e de todos os convidados.

A atitude de Maria faz a gente pensar. Muitas vezes queremos uma coisa e não sabemos esperar por ela. Queremos e tem de ser na hora, tem de ser pra já. Perdemos a calma, batemos o pé, fazemos birra, ficamos zangados. Mas nem sempre a gente pode ter tudo o que quer. Geralmente, temos de nos esforçar para merecer o que desejamos. Isso vale tanto para as coisas do coração quanto para as coisas materiais.

Por que exigir um novo par de tênis se o que a gente tem ainda dá para brincar, jogar bola e ir à escola? Melhor fazer como Maria e saber esperar pelo momento certo. Com tranquilidade e paciência.

Quando algo nos faltar, como faltou o vinho na festa, nossa mãe do céu virá nos socorrer. Ela pedirá para Jesus nos ajudar como pediu pelos noivos. Porque é a mãe escolhida por Deus para cuidar de nós, cuidar de toda a humanidade.

E repare bem no final da história. Quando o chefe dos serventes prova o vinho de Jesus, acha uma delícia. Porque Jesus, filho bondoso, atendeu ao pedido de Maria com devoção. Não fez de qualquer jeito, não fez de má vontade. Deu o melhor de si. Ofereceu um vinho ainda mais gostoso do que o servido antes.

Isso é o que devemos fazer sempre. Dar o melhor de nós, sem esperar nada em troca. Só pela alegria de fazer a nossa parte. Apenas guiados pela certeza de que amor gera amor. Como Jesus fez a vida toda.

Maria, a mãe carinhosa, a mãe compreensiva, a mãe Ágape. Jesus, o filho amoroso, o filho obediente, o filho Ágape!

Oração

Jesus,
Sei que me emprestas o amor de Tua mãe, Maria.
Sei que ela está sempre ao meu lado
E não deixa que nada me falte.
Ela é minha Mãezinha do Céu,
Que me dá alegria quando estou triste,
Que me dá coragem quando sinto medo,
Que me dá luz no quarto escuro.
Jesus,
Obrigado pela Mãe que divides conosco,
Obrigado por mais essa prova de Teu amor!

Amém.

3. A samaritana

Evangelho de São João

Capítulo 4

5 Chegou, pois, a uma localidade da Samaria, chamada Sicar,
junto das terras que Jacó dera a seu filho José. **6** Ali havia o
poço de Jacó. E Jesus, fatigado da viagem, sentou-se à beira
do poço. Era por volta do meio-dia. **7** Veio uma mulher da
Samaria tirar água. Pediu-lhe Jesus: Dá-me de beber. **8** (Pois
os discípulos tinham ido à cidade comprar mantimentos.) **9**
Aquela samaritana lhe disse: Sendo tu judeu, como pedes de
beber a mim, que sou samaritana!... (Pois os judeus não se
comunicavam com os samaritanos.) **10** Respondeu-lhe Jesus:
Se conhecesses o dom de Deus, e quem é que te diz: Dá-me
de beber, certamente lhe pedirias tu mesma e ele te daria uma
água viva. **11** A mulher lhe replicou: Senhor, não tens com que
tirá-la, e o poço é fundo... donde tens, pois, essa água viva? **12**
És, porventura, maior do que o nosso pai Jacó, que nos deu
este poço, do qual ele mesmo bebeu e também os seus filhos e
os seus rebanhos? **13** Respondeu-lhe Jesus: Todo aquele que
beber desta água tornará a ter sede, **14** mas o que beber da
água que eu lhe der jamais terá sede. Mas a água que eu lhe
der virá a ser nele fonte de água, que jorrará até a vida eterna.

Jesus tinha poderes divinos, mas Seu corpo era de carne e osso, igualzinho ao nosso. Também sentia cansaço, do mesmo jeito que a gente sente depois de correr, pular e brincar.

Foi o que aconteceu nesse dia. Ele caminhava havia muitas horas com Seus discípulos pelo deserto, debaixo de um sol forte. Estava suado e Seus pés doíam.

Ao meio-dia, o calor era tanto que Ele parou à beira do poço para descansar um pouquinho. Os discípulos aproveitaram para comprar comida porque sabiam que tinham uma longa viagem pela frente.

Haviam chegado à cidade de Sicar, na região da Samaria, a terra dos samaritanos. Jesus estava só, com Seus pensamentos, quando surgiu a samaritana. Ela se assustou quando Jesus pediu água porque percebeu que Ele era judeu. Desde quando um judeu conversava com samaritanos? Os judeus não falavam com os samaritanos de jeito nenhum. Ainda mais falar com ela, que era mulher!

As mulheres eram desprezadas naquela época. Os homens se achavam superiores, e elas não tinham direito a nada. Quando faziam alguma coisa proibida, e quase tudo era proibido para as mulheres, eram apedrejadas até a morte.

Jesus era judeu, mas não desprezava nem as mulheres nem os samaritanos. Ele não desprezava ninguém porque trazia apenas amor no coração. Acreditava que só o amor era capaz de vencer o ódio. Em Sua passagem pela Terra, Ele plantou a semente do amor.

E foi o amor de Deus que Ele ofereceu à samaritana quando falou sobre a água. Disse que poderia dar a ela uma água pura, viva, eterna. Uma água que mataria a sede para sempre. A água do amor celestial.

Jesus tinha o costume de falar como os poetas, usando palavras bonitas. Por isso, a mulher não entendeu que Ele estava falando sobre o amor de Deus, uma água sagrada, que mata a sede e faz bem ao coração. Uma água eterna porque é divina.

A samaritana representa nessa história todas as pessoas que são discriminadas, rejeitadas, perseguidas, viram motivo de riso, ganham apelidos, sofrem agressões. Jesus sentiu Amor Ágape por ela, do mesmo modo que sentia pela humanidade. Amava a todos do mesmo jeito porque achava que todos eram merecedores de amor.

Se a gente fizesse como Jesus, o mundo seria outro. Devemos amar e respeitar a todos por mais que pareçam diferentes de nós. Somos todos iguais para Jesus. Temos o mesmo tipo de sede. Não apenas sede de água. Temos sede de carinho, sede de amigos, sede de alegria.

Quando você sentir essa sede e não houver um poço por perto, ou seja, não tiver ninguém para ajudá-lo, pense em Jesus, faça uma oração, converse com Ele. Jesus virá ao seu encontro trazendo a água milagrosa. Aquela que Ele ofereceu à samaritana. A água que nos cura e nos encoraja. A água de Seu amor infinito!

Oração

Jesus,
Quero beber da Tua água,
A água viva,
A água milagrosa,
A água salvadora.

Jesus,
Quero beber da Tua água,
Fonte infinita de luz.
Quero ser um navegante
Do imenso mar do Teu amor.

Jesus,
Só a água da Tua bondade
Pode acabar com a sede que tenho,
A sede de amigos,
A sede de alegria,
A sede de carinho.

Jesus,
Quero beber da Tua água.

Amém.

4. Multiplicação dos pães

Evangelho de São João

Capítulo 6

1 Depois disso, atravessou Jesus o lago da Galileia (que é o de
Tiberíades.) **2** Seguia-o uma grande multidão, porque via os
milagres que fazia em benefício dos enfermos. **3** Jesus subiu a
um monte e ali se sentou com seus discípulos. **4** Aproximava-
-se a Páscoa, festa dos judeus. **5** Jesus levantou os olhos sobre
aquela grande multidão que vinha ter com ele e disse a Filipe:
Onde compraremos pão para que todos estes tenham o que
comer? **6** Falava assim para o experimentar, pois bem sabia o
que havia de fazer. **7** Filipe respondeu-lhe: Duzentos denários
de pão não lhes bastam, para que cada um receba um pedaço.
8 Um dos seus discípulos, chamado André, irmão de Simão
Pedro, disse-lhe: **9** Está aqui um menino que tem cinco pães
de cevada e dois peixes... mas que é isto para tanta gente? **10**
Disse Jesus: Fazei-os assentar. Ora, havia naquele lugar muita
relva. Sentaram-se aqueles homens em número de uns cin-
co mil. **11** Jesus tomou os pães e rendeu graças. Em seguida,
distribuiu-os às pessoas que estavam sentadas, e igualmente
dos peixes lhes deu quanto queriam. **12** Estando eles saciados,
disse aos discípulos: Recolhei os pedaços que sobraram, para
que nada se perca. **13** Eles os recolheram e, dos pedaços dos
cinco pães de cevada que sobraram, encheram doze cestos.

Imagine a surpresa dos apóstolos quando viram aquela multidão que seguia Jesus. Eram cinco mil pessoas, velhos, moços, homens, mulheres e crianças.

O apóstolo Filipe ficou ainda mais espantado quando Jesus falou em comprar pão para alimentar todo mundo. Claro que precisaria de muito dinheiro para isso, e Jesus e Seus apóstolos eram pobres. Denário era o nome da moeda de prata dos romanos, e mesmo duzentos denários ainda seriam poucos.

Mas Jesus sentiu um aperto no coração vendo toda aquela gente vestida com farrapos, que não tinha o que comer, casa para morar nem lugar para onde ir. Era como se fosse um rebanho de ovelhas à procura de um pastor. Gente esquecida pelos reis e líderes daquela época, sem saúde, sem estudos, sem futuro.

Quando o discípulo André chegou com a notícia de que tudo o que tinham eram cinco pães e dois peixes, Jesus não se preocupou. Com Sua bondade divina e os poderes que Deus Lhe deu, Jesus fez outro milagre. Multiplicou os pães e foi entregando aos Seus discípulos para que eles os distribuíssem entre o povo. Depois fez o mesmo com os peixes. Nenhum adulto, nenhuma criança, ninguém ficou com fome.

Aqui Jesus nos dá uma bela lição. Não podemos pensar apenas na gente e prestar atenção somente em nós mesmos. Vivemos num mundo em que há muito egoísmo. Às vezes reclamamos de barriga cheia, quando tanta gente passa por dificuldades muito maiores.

Reparou no cuidado de Jesus com todas aquelas pessoas? Ele se preocupou com elas como se todos formassem uma grande família. Queria que elas se sentissem confortáveis sentadas na grama, bem alimentadas e felizes. Queria que fossem tratadas com o respeito que mereciam. Isso se chama solidariedade.

E solidariedade é amor. Amor pelos nossos vizinhos, pelos habitantes de nossa cidade, pelo povo do nosso país, por todos os povos da Terra. Isso é Ágape, o amor sem limites, sem fronteiras.

Há outro detalhe nessa história que chama a atenção. Depois de alimentar a multidão, quando todos já não tinham mais fome, Jesus pediu que guardassem as sobras. Ele sabia dos perigos do desperdício e do mal que isso pode causar. Enquanto uns desperdiçam, outros passam fome. Os discípulos de Jesus conseguiram encher doze cestos com os pães e os peixes que sobraram.

O Amor Ágape também está no ato de compartilhar. Todos os dias devemos nos lembrar que quando dividirmos algo com alguém estamos multiplicando. Quando vamos comer o nosso lanche, é importante se lembrar disso e dividir com alguém que está próximo a nós e que também tem fome.

Por que não dividir com os nossos amigos os brinquedos, os livros e as roupas que temos? Amigos que, na verdade, são nossos irmãos, porque somos todos filhos de um só Deus.

Oração

Senhor,
Obrigado pela lição que me deste.
Dividir o pão
É dividir amor.
Obrigado por me ensinar
A matemática divina:
Quem divide, multiplica!
Senhor,
Quero amar meu semelhante,
Quero partilhar meu coração.
Afasta de mim o egoísmo,
Afasta de mim todo não.
Senhor,
Obrigado por me fazer entender
A graça de dividir o pão,
A graça de dividir a esperança,
A graça de amar meus irmãos.

Amém.

5. A mulher adúltera

Evangelho de São João

Capítulo 8

1 Dirigiu-se Jesus para o monte das Oliveiras. **2** Ao romper da
manhã, voltou ao templo e todo o povo veio a ele. Assentou-se
e começou a ensinar. **3** Os escribas e os fariseus trouxeram-lhe
uma mulher que fora apanhada em adultério. **4** Puseram-na
no meio da multidão e disseram a Jesus: Mestre, agora mesmo
esta mulher foi apanhada em adultério. **5** Moisés mandou-nos
na lei que apedrejássemos tais mulheres. Que dizes tu a isso?
6 Perguntavam-lhe isso, a fim de pô-lo à prova e poderem
acusá-lo. Jesus, porém, se inclinou para a frente e escrevia com
o dedo na terra. **7** Como eles insistissem, ergueu-se e disse-
lhes: Quem de vós estiver sem pecado, seja o primeiro a lhe
atirar uma pedra. **8** Inclinando-se novamente, escrevia na ter-
ra. **9** A essas palavras, sentindo-se acusados pela sua própria
consciência, eles se foram retirando um por um, até o último,
a começar pelos mais idosos, de sorte que Jesus ficou sozinho,
com a mulher diante dele. **10** Então ele se ergueu e vendo ali
apenas a mulher, perguntou-lhe: Mulher, onde estão os que te
acusavam? Ninguém te condenou? **11** Respondeu ela: Nin-
guém, Senhor. Disse-lhe então Jesus: Nem eu te condeno. Vai
e não tornes a pecar.

Essa passagem da vida de Jesus pode ser vista como uma história de perdão e de esperança.

Os escribas eram aqueles que liam e interpretavam as lei dos judeus. Os fariseus faziam parte de um grupo que ia contra os ensinamentos de Jesus.

Escribas e fariseus colocaram diante de Jesus uma mulher que havia traído o marido. Só para saber o que Ele faria. Se Jesus a condenasse, estaria demonstrando que não era tão bondoso e compreensivo. Se a perdoasse, estaria contrariando a lei daqueles tempos, que era a de apedrejar as mulheres que enganassem o marido.

Aqueles homens queriam castigar a mulher, mas Jesus não se abalou. Continuou escrevendo na terra. Como os homens queriam uma resposta, Jesus disse que atirasse a primeira pedra aquele que estivesse sem pecado. Esperou por uma resposta voltando a rabiscar na terra.

Nenhum deles tinha o que responder. Qual daqueles homens nunca havia cometido um erro? Todos escondiam algum pecado. Tanto que foram saindo, um a um, envergonhados.

Jesus ficou sozinho com a mulher. Não fez sermão, não deu castigo. Preferiu dar uma nova chance a ela. Disse que fosse embora e não traísse de novo. Uma atitude muito corajosa para aquela época.

O apedrejamento é uma forma de punição violenta e muito antiga. Infelizmente, ainda faz parte da cultura de alguns povos e até hoje é praticada em países do Oriente.

Você sabia que também estamos apedrejando quando falamos mal de alguém, fazemos fofoca e inventamos mentiras sobre as pessoas? Só que no lugar das pedras usamos as palavras. Palavras ditas com raiva para ferir e magoar. Palavras que machucam como flechas.

É tão fácil apontar defeitos, acusar e julgar os outros. Parece até que somos perfeitos e nunca fazemos nada de errado. Jesus nos ensina que antes de criticar alguém precisamos olhar para os nossos próprios erros. Isso significa tomar cuidado com o que dizemos sem pensar. Depois pode ser tarde para consertar os estragos. Já perdemos o amigo, já perdemos a oportunidade de praticar o perdão.

O encontro com Jesus mudou a vida dessa mulher. Ele a perdoou. Com o perdão veio a esperança. Veio a oportunidade de recomeçar. Todos nós trazemos conosco a capacidade de perdoar, mas nem sempre conseguimos fazer isso. O orgulho não deixa.

Quando isso acontecer, lembre-se desse gesto de Jesus. O perdão é Amor Ágape. Faça como Ele e deixe que o Amor Divino entre em seu coração. Troque as críticas maldosas e a falsidade pelo perdão e pela esperança. Machucar não traz a felicidade. O perdão Ágape traz.

Oração

Querido Jesus,
Ouve minha oração.
Quero amar minha família,
Quero amar os meus amigos.
Querido Jesus,
Não quero jogar pedras,
Não quero julgar ou acusar,
Não quero machucar ninguém.
Querido Jesus,
Eu Te peço o dom do amor.
Dá-me a alegria de ser apenas
Mais um filho Teu.
Querido Jesus,
Obrigado por ouvir minha oração.

Amém.

6. O Bom Pastor

Evangelho de São João

Capítulo 10

1 Em verdade, em verdade vos digo: quem não entra pela porta no aprisco das ovelhas, mas sobe por outra parte, é ladrão e salteador. 2 Mas quem entra pela porta é o pastor das ovelhas. 3 A este o porteiro abre, e as ovelhas ouvem a sua voz. Ele chama as ovelhas pelo nome e as conduz à pastagem. 4 Depois de conduzir todas as suas ovelhas para fora, vai adiante delas; e as ovelhas seguem-no, pois lhe conhecem a voz. 5 Mas não seguem o estranho; antes fogem dele, porque não conhecem a voz dos estranhos. 6 Jesus disse-lhes essa parábola, mas não entendiam do que ele queria falar. 7 Jesus tornou a dizer-lhes: Em verdade, em verdade vos digo: eu sou a porta das ovelhas. 8 Todos quantos vieram antes de mim foram ladrões e salteadores, mas as ovelhas não os ouviram. 9 Eu sou a porta. Se alguém entrar por mim será salvo; tanto entrará como sairá e encontrará pastagem. 10 O ladrão não vem senão para furtar, matar e destruir. Eu vim para que as ovelhas tenham vida e para que a tenham em abundância. 11 Eu sou o Bom Pastor. O Bom Pastor expõe a sua vida pelas ovelhas. 12 O mercenário, porém, que não é pastor, a quem não pertencem as ovelhas, quando vê que o lobo vem vindo, abandona as ovelhas e foge; o lobo rouba e dispersa as ovelhas. 13 O mercenário, porém, foge, porque é mercenário e não se importa com as ovelhas. 14 Eu sou o Bom Pastor. Conheço as minhas ovelhas e as minhas ovelhas conhecem a mim, 15 como meu Pai me conhece e eu conheço o Pai. Dou a minha vida pelas minhas ovelhas.

Mais uma vez, Jesus fala como os poetas. Ele usa uma parábola para nos passar um ensinamento. Parábola é um jeito de falar de uma coisa falando de outras. Aqui, por exemplo, para mostrar o quanto é importante cuidar das pessoas, Jesus fala do pastor e suas ovelhas.

Jesus é o Bom Pastor. Nós somos as ovelhas. Antes de Jesus começar a falar do Amor Divino na Terra, muitos se apresentaram como guardadores do rebanho de Deus. Mas eles estavam só pensando em seus próprios interesses. Esses são os que Ele chama de ladrões e assaltantes de estrada. Eram profetas falsos, que enganavam o povo para tirar proveito de sua fé.

Jesus se apresenta para nós como o verdadeiro pastor. Aquele que chega ao curral e, com um simples chamado, o rebanho reconhece a Sua voz. Aquele que as ovelhas seguem tranquilas porque confiam Nele. Sabem que poderão pastar em segurança porque o pastor estará vigilante para defendê-las de qualquer ataque.

Bem diferente dos pastores que estão apenas interessados no dinheiro, que fogem quando veem o lobo e deixam as ovelhas abandonadas à própria sorte.

Devemos reconhecer os falsos pastores e ficar bem longe deles. Não podemos obedecer a qualquer chamado sem antes reconhecer a voz do verdadeiro pastor. Jesus diz que Ele é a porta do curral das ovelhas. Com isso está querendo dizer que é o intermediário entre Deus e os homens.

Aqui a mensagem de Jesus é muito clara. O que Ele está nos dizendo é que podemos confiar no Seu chamado. Devemos ouvir as Suas palavras e seguir os Seus passos. Estaremos assim no caminho certo que leva para perto de Deus.

Quando Jesus diz que conhece Suas ovelhas, Ele quer dizer que conhece cada um de nós, com nossas qualidades e defeitos. E isso pouco importa. Jesus ama a todos do mesmo jeito. Ele nos aceita como somos. Não faz diferença de raça ou de cor. Entre pobres e ricos. Entre homens e mulheres. Cuida de nós como o pastor cuida de suas ovelhas.

No rebanho há ovelhas de todos os tipos, calmas e irrequietas, gordas e magras, fortes e fracas, mas o pastor cuida de todas do mesmo jeito. Quando o lobo se aproxima, o Bom Pastor enfrenta a fera. Dá a vida por seu rebanho. E não foi isso o que Jesus fez por nós quando foi crucificado?

Não é maravilhoso saber que alguém cuida de nós? Que há alguém que nos protege aonde quer que a gente vá e nos ajuda seja qual for a dificuldade? Nós todos fazemos parte desse imenso rebanho. Porque o rebanho de Jesus é a humanidade inteira. Ele cuida de você do mesmo jeito que cuida de milhares de outras ovelhas espalhadas pelo mundo. Sempre com muito amor.

Podemos contar com esse amor em todas as horas, tristes e alegres. O amor de Jesus não falha. É o Amor Ágape infinito.

Oração

Meu bom Jesus,
Meu Bom Pastor,
Eu sou a Tua ovelha.
Leva-me Contigo,
Estou pronto para Te seguir.
Livra-me dos perigos,
Livra-me das feras,
Livra-me dos inimigos.
Em Teu rebanho, Jesus,
Eu me sinto seguro.
Se eu me distrair,
Se eu me desviar,
Se eu me perder do rebanho,
Chama-me de volta, Jesus,
Eu ouvirei Teu chamado.

Amém.

7. Ressurreição de Lázaro

Evangelho de São João

Capítulo 11

1 Lázaro caiu doente em Betânia, onde estavam Maria e sua irmã Marta. **2** Maria era quem ungira o Senhor com o óleo perfumado e lhe enxugara os pés com os seus cabelos. E Lázaro, que estava enfermo, era seu irmão. **3** Suas irmãs mandaram, pois, dizer a Jesus: Senhor, aquele que Tu amas está enfermo. **4** A estas palavras, disse-lhes Jesus: Esta enfermidade não causará a morte, mas tem por finalidade a glória de Deus. Por ela será glorificado o Filho de Deus. **5** Ora, Jesus amava Marta, Maria, sua irmã, e Lázaro. **6** Mas, embora tivesse ouvido que ele estava enfermo, demorou-se ainda dois dias no mesmo lugar. **7** Depois, disse a seus discípulos: Voltemos para a Judeia. **8** Mestre, responderam eles, há pouco os judeus te queriam apedrejar, e voltas para lá? **9** Jesus respondeu: Não são doze as horas do dia? Quem caminha de dia não tropeça, porque vê a luz deste mundo. **10** Mas quem anda de noite tropeça, porque lhe falta a luz. **11** Depois dessas palavras, ele acrescentou: Lázaro, nosso amigo, dorme, mas vou despertá-lo. **12** Disseram-lhe os seus discípulos: Senhor, se ele dorme, há de sarar. **13** Jesus, entretanto, falara da sua morte, mas eles pensavam que falasse do sono como tal. **14** Então Jesus lhes declarou abertamente: Lázaro morreu. **15** Alegro-me por

vossa causa, por não ter estado lá, para que creiais. Mas va-
mos a ele. **16** A isso Tomé, chamado Dídimo, disse aos seus
condiscípulos: Vamos também nós, para morrermos com ele.
17 À chegada de Jesus, já havia quatro dias que Lázaro estava
no sepulcro. **18** Ora, Betânia distava de Jerusalém cerca de
quinze estádios. **19** Muitos judeus tinham vindo a Marta e a
Maria, para lhes apresentar condolências pela morte de seu
irmão. **20** Mal soube Marta da vinda de Jesus, saiu-lhe ao en-
contro. Maria, porém, estava sentada em casa. **21** Marta disse
a Jesus: Senhor, se tivesses estado aqui, meu irmão não teria
morrido! **22** Mas sei também, agora, que tudo o que pedires
a Deus, Deus te concederá. **23** Disse-lhe Jesus: Teu irmão res-
surgirá. **24** Respondeu-lhe Marta: Sei que há de ressurgir na
ressurreição no último dia. **25** Disse-lhe Jesus: Eu sou a Res-
surreição e a vida. Aquele que crê em mim, ainda que esteja
morto, viverá. **26** E todo aquele que vive e crê em mim, jamais
morrerá. Crês nisto? **27** Respondeu ela: Sim, Senhor. Eu creio
que tu és o Cristo, o Filho de Deus, aquele que devia vir ao
mundo. **28** A essas palavras, ela foi chamar sua irmã Maria,
dizendo-lhe baixinho: O Mestre está aí e te chama. **29** Apenas
ela o ouviu, levantou-se imediatamente e foi ao encontro dele.
30 (Pois Jesus não tinha chegado à aldeia, mas estava ainda na-
quele lugar onde Marta o tinha encontrado.) **31** Os judeus que
estavam com ela em casa, em visita de pêsames, ao verem Ma-

ria levantar-se depressa e sair, seguiram-na, crendo que ela ia
ao sepulcro para ali chorar. 32 Quando, porém, Maria chegou
onde Jesus estava e o viu, lançou-se aos seus pés e disse-lhe:
Senhor, se tivesses estado aqui, meu irmão não teria morri-
do! 33 Ao vê-la chorar assim, como também todos os judeus
que a acompanhavam, Jesus ficou intensamente comovido em
espírito. E, sob o impulso de profunda emoção, 34 pergun-
tou: Onde o pusestes? Responderam-lhe: Senhor, vinde ver.
35 Jesus pôs-se a chorar. 36 Observaram por isso os judeus:
Vede como ele o amava! 37 Mas alguns deles disseram: Não
podia ele, que abriu os olhos do cego de nascença, fazer com
que este não morresse? 38 Tomado, novamente, de profun-
da emoção, Jesus foi ao sepulcro. Era uma gruta, coberta por
uma pedra. 39 Jesus ordenou: Tirai a pedra. Disse-lhe Marta,
irmã do morto: Senhor, já cheira mal, pois há quatro dias que
ele está aí... 40 Respondeu-lhe Jesus: Não te disse eu: Se creres,
verás a glória de Deus? Tiraram, pois, a pedra. 41 Levantando
Jesus os olhos ao alto, disse: Pai, rendo-te graças, porque me
ouviste. 42 Eu bem sei que sempre me ouves, mas falo assim
por causa do povo que está em roda, para que creiam que tu
me enviaste. 43 Depois destas palavras, exclamou em alta voz:
Lázaro, vem para fora! 44 E o morto saiu, tendo os pés e as
mãos ligados com faixas, e o rosto coberto por um sudário.
Ordenou então Jesus: Desligai-o e deixai-o ir.

Jesus tinha um grande amigo na cidade de Betânia, na Judeia. Seu nome era Lázaro. Jesus também era amigo de Marta e Maria, as irmãs de Lázaro.

Eles também eram muito amigos de Jesus. Uma prova disso foi o que aconteceu durante um jantar. Maria se emocionou a tal ponto com as palavras de Jesus que chegou a molhar os pés Dele com suas lágrimas e usou os cabelos para enxugá-los. Depois demonstrou sua gratidão passando nos pés de Jesus um óleo perfumado.

Jesus gostava de se hospedar na casa dos três irmãos quando ia para a Judeia. Era sempre recebido com muita alegria, como costuma acontecer quando grandes amigos se encontram.

Certo dia, Jesus andava lá para os lados do rio Jordão, quando recebeu o recado de Maria e Marta avisando que o querido Lázaro estava bastante doente. Elas queriam que Jesus fosse vê-lo porque conheciam Seus milagres e sabiam que faria qualquer coisa para salvar o amigo.

Jesus não estava longe de Betânia. A distância de quinze estádios equivale a três quilômetros. Mas para espanto de todos Jesus não se apressa. Só vai visitar o amigo dois dias depois. Ele percebeu que fazer um milagre para salvar Lázaro seria uma oportunidade para demonstrar o poder do amor de Deus àqueles que ainda duvidavam.

Ao chegar, Jesus encontra o amigo morto e chora. Pode ser que Ele tenha chorado mais por causa da falta de fé das pessoas que não acreditavam Nele. Porque Jesus sabia que podia fazer Lázaro viver de novo. E é o que Ele faz. Ressuscita o amigo, e a alegria volta a tomar conta da casa dos três irmãos.

A morte nos causa tristeza porque é um mistério para nós. Como entender que uma pessoa que amamos e que sempre esteve ao nosso lado de repente vá embora para nunca mais voltar? É difícil. Mas não para Jesus. Ele sabia que após a morte há a vida eterna.

Devemos pensar nisso quando alguém muito querido se vai. Claro que sentiremos saudade. Mas precisamos confiar na palavra de Jesus e lembrar que essa pessoa estará no Céu, ao lado do Pai. Essa fé nos dará calma e fará brotar em nós o Amor Ágape.

Nessa passagem da vida de Jesus para nós, aprendemos também a importância dos amigos. Eles são o nosso apoio nos momentos difíceis. São eles que nos estendem a mão, que dão um abraço acolhedor quando mais precisamos.

Lázaro era como nós, uma pessoa com qualidades e defeitos. Mas Jesus o amava assim mesmo. Devemos amar nossos amigos com suas qualidades e defeitos porque não somos perfeitos.

Se um dia se sentir triste e sozinho, lembre-se de que há um amigo que cuida de você e nunca vai te abandonar. Esse amigo é Jesus. Sempre pronto para abrir as portas do coração e nos oferecer o Amor Ágape. A acolhida que nos dá força para seguir em frente.

Oração

Senhor,
Prefiro pensar na morte
Pensando na vida.
Na Vida Eterna
Que Tu nos prometeste.

Alivia meu coração saber
Que todos os que partiram
Estão agora ao Teu lado,
Vivendo no azul da Tua morada.

Senhor,
Prefiro pensar na morte
Pensando na vida.
Na vida que tenho para ser vivida,
Na vida que terei junto a Ti.

Ouça meu pedido, Senhor.
Derrama sobre mim
A bênção da alegria
Sempre que a dor
Quiser invadir meu coração.

Amém.

8. Jesus lava os pés de Seus discípulos

Evangelho de São João

Capítulo 13

1 Antes da festa da Páscoa, sabendo Jesus que chegara a sua hora
de passar deste mundo ao Pai, como amasse os seus que estavam no
mundo, até o extremo os amou. 2 Durante a ceia — quando o de-
mônio já tinha lançado no coração de Judas, filho de Simão Iscario-
tes, o propósito de traí-lo —, 3 sabendo Jesus que o Pai tudo lhe dera
nas mãos, e que saíra de Deus e para Deus voltava, 4 levantou-se da
mesa, depôs as suas vestes e, pegando duma toalha, cingiu-se com
ela. 5 Em seguida, deitou água numa bacia e começou a lavar os pés
dos discípulos e a enxugá-los com a toalha com que estava cingido.
6 Chegou a Simão Pedro. Mas Pedro lhe disse: Senhor, queres lavar
-me os pés!... 7 Respondeu-lhe Jesus: O que faço não compreendes
agora, mas compreendê-lo-ás em breve. 8 Disse-lhe Pedro: Jamais
me lavarás os pés!... Respondeu-lhe Jesus: Se eu não tos lavar, não
terás parte comigo. 9 Exclamou então Simão Pedro: Senhor, não
somente os pés, mas também as mãos e a cabeça. 10 Disse-lhe Je-
sus: Aquele que tomou banho não tem necessidade de lavar-se; está
inteiramente puro. Ora, vós estais puros, mas nem todos!... 11 Pois
sabia quem o havia de trair; por isso, disse: Nem todos estais puros.
12 Depois de lhes lavar os pés e tomar as suas vestes, sentou-se no-
vamente à mesa e perguntou-lhes: Sabeis o que vos fiz? 13 Vós me
chamais Mestre e Senhor, e dizeis bem, porque eu o sou. 14 Logo, se
eu, vosso Senhor e Mestre, vos lavei os pés, também vós deveis lavar
-vos os pés uns aos outros. 15 Dei-vos o exemplo para que, como
eu vos fiz, assim façais também vós. 16 Em verdade, em verdade
vos digo: o servo não é maior do que o seu Senhor, nem o enviado
é maior do que aquele que o enviou. 17 Se compreenderdes essas
coisas, sereis felizes, sob condição de as praticardes.

Que bela lição de humildade e amor Jesus nos dá com esse gesto de lavar os pés de Seus apóstolos! Isso aconteceu durante a última ceia que fez com eles. Jesus sabia que seria traído por Judas e entregue aos soldados. Também sabia que o matariam e não queria partir deste mundo sem dar mais uma prova de amor aos Seus discípulos.

Imagine só a surpresa dos apóstolos quando Jesus começou a preparar tudo. Tirou Suas roupas e amarrou um pano à cintura exatamente como os servos se vestiam. Despejou água na bacia e, indo de um em um, pôs-se a lavar os pés dos apóstolos.

Essa era uma tarefa dos servos mais humildes. Eles é que lavavam os pés de seus senhores ou dos hóspedes da casa.

Jesus fez como os servos faziam para dar um exemplo de humildade.

Pedro ficou confuso diante do que via, e a sua primeira reação foi não aceitar. Jesus era o Mestre. Os apóstolos eram Seus discípulos. Eles é que deveriam lavar os pés de Jesus!

Mas Pedro acaba por entender o significado daquela cerimônia. Jesus mostrava que ninguém é melhor do que ninguém. E quem descobre isso encontra a felicidade!

Muita gente confunde humildade com humilhação. São coisas bem diferentes. Ser humilde é aceitar que somos todos iguais. Que estamos neste mundo para amar uns aos outros. Não são os bens materiais que fazem uma pessoa ser melhor do que outra.

Diante de Deus, pobres e ricos têm o mesmo valor. Você não é melhor do que seu colega porque tem uma bicicleta. Nem seu colega é melhor do que você porque tem um *video game*. Todos são iguais para Jesus. Todos são iguais diante de Deus.

Não se sinta humilhado quando os seus pais ou os seus professores chamarem sua atenção por causa de alguma coisa que você fez de errado. Seja humilde. Admita seu erro. Peça desculpas. Sem brigar, sem mentir, sem pôr a culpa nos outros. Eles só querem que você seja uma pessoa melhor.

Mas sua família e seus professores são humanos e também podem se enganar. Se você for repreendido por um erro que não cometeu, o melhor ainda é conversar, dialogar. Abra o seu coração com humildade, fale a verdade. Eles o ouvirão e confiarão em você. O Amor Ágape falará mais alto.

Jesus foi o melhor exemplo de humildade. Era filho de Maria e José, um humilde carpinteiro. Durante toda a Sua vida na Terra, esteve ao lado das pessoas simples e humildes. Nunca se importou com a riqueza material e nos mostrou com Seus próprios atos que o orgulho não leva a nada.

Só com a humildade podemos reconhecer nossos erros. Só com humildade podemos perdoar os erros dos outros. Só quem cultiva a humildade recebe a bênção do Amor Ágape.

Oração

Tu que nasceste em uma estrebaria,
Tu que tiveste uma manjedoura por berço,
Tu que vestias roupas sem luxo
E calçavas rústicas sandálias,
Mostra-me o caminho da humildade.

Não quero me sentir superior a ninguém,
Não quero ser orgulhoso, Senhor,
Porque Tu ensinaste que somos todos iguais.

Que as minhas conquistas e vitórias
Não sejam motivo de vaidade e vantagem,
Mas motivo de verdadeira alegria.

Quero reconhecer as qualidades dos outros,
Quero me alegrar com as conquistas alheias,
Como se fossem vitórias minhas.

Tu que tiveste Maria por mãe,
Uma simples mulher do povo,
Tu que tiveste José por pai,
Um modesto carpinteiro,
Mostra-me o caminho da humildade.

Amém.

9. Amor fraterno

Evangelho de São João

Capítulo 15

12 Este é o meu mandamento: amai-vos uns aos outros, como
eu vos amo. **13** Ninguém tem maior amor do que aquele que
dá a sua vida por seus amigos. **14** Vós sois meus amigos, se
fazeis o que vos mando. **15** Já não vos chamo servos, porque o
servo não sabe o que faz seu senhor. Mas chamei-vos amigos,
pois vos dei a conhecer tudo quanto ouvi de meu Pai. **16** Não
fostes vós que me escolhestes, mas eu vos escolhi e vos consti-
tuí para que vades e produzais fruto, e o vosso fruto permane-
ça. Eu assim vos constituí, a fim de que tudo quanto pedirdes
ao Pai em meu nome, ele vos conceda. **17** O que vos mando é
que vos ameis uns aos outros.

Todo o ensinamento de Jesus está baseado no amor. Essa foi a missão Dele na Terra. Levar o amor ao coração de todos os homens.

Jesus sabia que Seu tempo era curto para uma tarefa tão gigantesca. Que Sua passagem pela Terra seria breve. Escolheu então os doze apóstolos para que continuassem com o Seu trabalho e transmitissem o Amor Divino para mais pessoas.

Jesus escolheu esses homens entre a gente simples do povo. Ele sabia que para receber e dar amor não é preciso ser pobre ou rico, ser feio ou bonito. Todos nós fomos criados com a capacidade de amar. Por isso Ele disse aos apóstolos: "Amai-vos uns aos outros, como eu vos amo". Jesus amava a humanidade e sabia que essa seria a melhor maneira de espalhar amor pelo mundo.

Tudo isso aconteceu há mais de dois mil anos. Jesus viveu numa época em que os homens não estavam preparados para os ensinamentos de Deus. Ele foi perseguido e morreu por causa disso. Se hoje o mundo sofre com as guerras, a violência, o racismo e a falta de amor, imagine naqueles tempos!

Mas Jesus plantou a semente. Ele nos mostrou que para amar temos que agir como um jardineiro. Precisamos preparar a terra, semear, regar e esperar com paciência até que o broto apareça. Porque a paciência faz parte do amor. Assim como o cuidado também faz.

Para que a planta cresça forte e dê flores, precisamos cuidar dela com carinho. Virão as pragas, os ventos, a chuva forte, a seca, mas ela sobreviverá. Assim é o amor paciente, o amor que cuida, o amor que une.

Não há nada mais gostoso do que uma casa onde reina o amor. Onde todos cultivam o seu jardim. Onde há pais que cuidam dos filhos e filhos que cuidam dos pais. Uns amando aos outros, como ensina Jesus.

Numa casa assim há harmonia e paz. Porque o amor vem antes do grito. Vem antes das brigas. Vem antes das respostas mal-humoradas. Vem antes da agressão. O amor prefere sempre as palavras mais doces, os gestos carinhosos, a compreensão, o respeito.

Nunca é tarde para fazermos o que Jesus nos pede. Amar uns aos outros significa amar ao próximo. Amar sem esperar nada em troca. Amar é o único caminho que temos para construir um mundo melhor.

O amor traz justiça, esperança, igualdade, respeito. É a única forma que temos de unir todos os povos, de varrer o ódio, a maldade, a ganância. Se deixarmos o Amor Ágape fluir de uma pessoa para outra, o planeta estará unido pelo Amor Divino.

Repare que, nesse trecho do Evangelho de São João, Jesus diz que os apóstolos são Seus amigos. E que não há amor maior do que a amizade.

Espalhe o amor de Jesus entre os seus amigos. Como fazer isso? Não fazendo ao outro o que não gostaria que fizessem com você. Respeitando as diferenças. Oferecendo a sua ajuda, o seu ombro nos momentos difíceis. Estando sempre pronto para ouvir. Mostrando que sua amizade está acima de qualquer interesse. Dizendo: “Conte comigo!”. Isso é amor fraterno. É Ágape.

Oração

Obrigado, Jesus, por tanto amor.
Pelo amor que está em Teus olhos,
Pelo amor que está em Teus atos,
Pelo Teu amor por todos os homens.

Derrama a bênção do Teu amor
Sobre a minha família,
Sobre os meus amigos,
Sobre todos aqueles
Que ainda não conhecem
A força do Amor Ágape,
O Teu amor sem limites por nós.

Obrigado, Jesus, por me ensinar
A amar a vida,
A amar a natureza,
A amar meus semelhantes
E a viver em paz.

Amém.

10. Crucificação

Evangelho de São João

Capítulo 19

17 Levaram então consigo Jesus. Ele próprio carregava a sua
cruz para fora da cidade, em direção ao lugar chamado Cal-
vário, em hebraico Gólgota. **18** Ali o crucificaram, e com ele
outros dois, um de cada lado, e Jesus no meio. **19** Pilatos redi-
giu também uma inscrição e a fixou por cima da cruz. Nela
estava escrito: Jesus de Nazaré, rei dos judeus. **20** Muitos dos
judeus leram essa inscrição, porque Jesus foi crucificado perto
da cidade e a inscrição era redigida em hebraico, em latim e em
grego. **21** Os sumos sacerdotes dos judeus disseram a Pilatos:
Não escrevas: Rei dos judeus, mas sim: Este homem disse ser
o rei dos judeus. **22** Respondeu Pilatos: O que escrevi, escrevi.
23 Depois de os soldados crucificarem Jesus, tomaram as suas
vestes e fizeram delas quatro partes, uma para cada soldado. A
túnica, porém, toda tecida de alto a baixo, não tinha costura. **24**
Disseram, pois, uns aos outros: Não a rasguemos, mas deitemos
sorte sobre ela, para ver de quem será. Assim se cumpria a Es-
critura: Repartiram entre si as minhas vestes e deitaram sorte
sobre a minha túnica (Sl 21,19). Isso fizeram os soldados. **25**
Junto à cruz de Jesus estavam de pé sua mãe, a irmã de sua mãe,
Maria, mulher de Cléofas, e Maria Madalena. **26** Quando Jesus
viu sua mãe e perto dela o discípulo que amava, disse à sua mãe:
Mulher, eis aí teu filho. **27** Depois disse ao discípulo: Eis aí tua
mãe. E dessa hora em diante o discípulo a levou para a sua casa.

Esse é o momento da vida de Jesus que mais nos emociona. Como alguém que sempre falou de amor pode ser condenado à morte? Por que castigar com um sofrimento tão cruel Aquele que dizia: "Amarás a teu próximo como a ti mesmo"?

As palavras de Jesus incomodavam os poderosos daquela época, os reis, os sacerdotes, os fariseus. Passaram a incomodar mais ainda quando multidões começaram a seguir Jesus. Por isso, resolveram crucificá-lo.

Influenciado pelos sacerdotes, o povo decidiu condenar Jesus com a crucificação. As mesmas pessoas que dias antes o consideravam rei dos judeus passaram a pedir por sua morte.

Atendendo à decisão do povo, Pilatos, governador da Judeia, entregou Jesus aos soldados. Jesus aceitou a crucificação sem revolta. Retribuiu o ódio com amor.

Jesus era o filho de Deus e sabia tudo o que ia acontecer. Poderia ter evitado uma morte tão dolorosa. Era só pedir ao Pai que o salvasse da crucificação.

Mas Jesus sabia que morrer na cruz era o maior exemplo que poderia dar do amor de Deus pela humanidade. Essa era a missão Dele na Terra. Para isso, Jesus foi enviado por Deus. Aceitar a crucificação era a única forma de mostrar a força do Amor Divino.

Jesus sabia também que aquela lição não seria esquecida através dos séculos. Uma lição de amor para ser seguida por todos nós. Então se entregou ao sofrimento da cruz e ainda perdoou os responsáveis pela Sua morte.

Devemos nos lembrar dessa atitude de Jesus sempre que o ódio quiser nos dominar. Quantas vezes não deixamos que a raiva fale mais alto. Ficamos cegos diante de algum mal que nos atinge e reagimos contra a violência usando mais violência. Mas o ódio não traz nada de bom. O ódio atrai mais ódio. Só o amor traz a verdade e a paz.

Jesus nos mostrou que mesmo em situações de muito sofrimento devemos manter o amor pulsando em nosso coração. Parece algo impossível. Onde encontrar amor nos momentos de muita tristeza? Só há um caminho: a oração. Esse é o único jeito de conversarmos com Deus. De entrarmos em contato com o amor que Jesus demonstrou por nós. A oração nos dá força. Traz alegria. Dá o consolo que a gente precisa.

Em suas orações, lembre-se do que fez Jesus pouco antes de dar Seu último suspiro. Pregado na cruz, Ele se esqueceu de Suas dores e, como bom filho, pensou em Sua mãe. Pediu ao apóstolo João, que era o Seu predileto, para cuidar dela.

Jesus se preocupou também com João. Quem cuidaria dele? Indicando Maria, disse para João: "Eis a tua mãe!". Ao se preocupar com o apóstolo, Jesus estava se importando com todos os Seus seguidores, cuidando de todos nós. Estava dizendo a Maria para ser nossa Mãe Caridosa.

Mesmo quando estiver muito triste, seja generoso como Jesus. Peça em suas orações não só por você, mas por todos. Seu coração ficará mais leve. É o Amor Ágape pulsando. É o amor de Jesus trazendo paz e felicidade.

Oração

Senhor,
Eu creio no poder da oração.
Sei que Tu me escutas
Quando fecho os olhos
E oro com devoção.

A Ti conto meus problemas,
A Ti conto minhas alegrias,
Pois a um amigo tudo se conta.
Sei que Tu me compreendes
Pois a prece sincera
É a forma de conversar contigo.

Senhor,
Sei que Tu me ouves
Quando Te conto
Os segredos que guardo
Em meu coração.

Amém.

11. Aparição aos discípulos

Evangelho de São João

Capítulo 20

19 Na tarde do mesmo dia, que era o primeiro da semana, os
discípulos tinham fechado as portas do lugar onde se achavam,
por medo dos judeus. Jesus veio e pôs-se no meio deles. Disse-
-lhes ele: A paz esteja convosco! **20** Dito isso, mostrou-lhes as
mãos e o lado. Os discípulos alegraram-se ao ver o Senhor. **21**
Disse-lhes outra vez: A paz esteja convosco! Como o Pai me
enviou, assim também eu vos envio a vós. **22** Depois dessas
palavras, soprou sobre eles dizendo-lhes: Recebei o Espírito
Santo. **23** Àqueles a quem perdoardes os pecados, ser-lhes-ão
perdoados; àqueles a quem os retiverdes, ser-lhes-ão retidos.

E Jesus ressuscitou! Esse milagre tinha sido anunciado muito antes pelos antigos profetas, mas mesmo assim os apóstolos levaram um tempo para acreditar no que os olhos viam e os ouvidos escutavam. Jesus estava vivo de novo diante deles e era a Sua doce voz que ouviam!

Os apóstolos estavam ainda assustados com o ódio do povo nas ruas. Haviam trancado as portas porque temiam alguma violência contra eles, que eram os discípulos do Grande Mestre. Mas Jesus se revela diante deles e os acalma, desejando-lhes paz. Que alegria! O Filho de Deus estava de volta! O amor havia vencido o ódio!

Tudo isso aconteceu na Páscoa e, por isso, comemoramos nessa data a ressurreição de Jesus. Celebramos a vitória da vida sobre a morte. É a celebração da esperança, da renovação, da fé no futuro e em dias melhores.

Às vezes, ficamos mais preocupados em ganhar nosso ovo de Páscoa e esquecemos o que significa essa data. O ovo é um símbolo da vida. É isso que o ovo de chocolate representa. Quando comemos um delicioso ovo de chocolate celebramos a vida. A Páscoa é a celebração da vida e do amor de Cristo!

Nesse trecho do Evangelho de São João aparece uma das frases mais conhecidas de Jesus: "A paz esteja convosco!". Jesus deseja paz aos apóstolos do mesmo modo que deseja a nós. Ele enfrentou o ódio, a humilhação e a morte para nos dar paz.

Mas por que temos tão pouca paz no mundo? Por que a violência continua? Será que é tão difícil conseguir a paz? Afinal, o que ela é?

Paz é encontrar a tranquilidade dentro de nós para viver com alegria e ter força para enfrentar os problemas. É garantir que todas as pessoas tenham casa, comida, roupa, saúde e educação. É cuidar do meio ambiente. É ter harmonia na família e na comunidade.

Quando Jesus dá aos apóstolos o poder de perdoar, passa para eles a missão de salvação dos homens. A mesma missão que havia recebido de Deus Jesus deixa aos apóstolos para que eles a continuem. A missão do perdão é a missão do amor e da paz.

Todos nós temos a capacidade de perdoar, mas nem sempre nos lembramos disso. O perdão é Ágape. É a manifestação do Amor Divino. Perdoar exige ao mesmo tempo humildade e coragem. Aprenda com Jesus e Seus apóstolos a perdoar de coração. Sem deixar nenhum restinho de raiva nem de ressentimento.

E o que é perdoar? É aceitar o outro e desculpá-lo por algum mal que ele nos tenha feito. Também precisamos de coragem para pedir perdão quando erramos. Todas as vezes que fazemos isso, a verdade vence. A verdade de Jesus. A verdade que traz a paz.

Oração

Senhor, eu Te peço paz.
Paz na minha casa.
Paz na minha família.
Paz para todas as famílias do mundo.
Paz nas ruas.
Paz nas praças.
Paz nas escolas.
Paz nas igrejas.
Paz nos hospitais.
Paz nas estradas.
Paz na cidade.
Paz no campo.
Paz no coração das mulheres e dos homens.
Paz no coração de todas as crianças do mundo.
Senhor, o Teu amor nos uniu.
Somos um único coração
Batendo no ritmo de Teu amor infinito.
Senhor, eu Te peço a paz no mundo.
Amém.

12. Profissão de amor de Pedro

Evangelho de São João

Capítulo 21

15 Tendo eles comido, Jesus perguntou a Simão Pedro: Si-
mão, filho de João, amas-me mais do que estes? Respondeu
ele: Sim, Senhor, tu sabes que te amo. Disse-lhe Jesus: Apas-
centa os meus cordeiros. **16** Perguntou-lhe outra vez: Simão,
filho de João, amas-me? Respondeu-lhe: Sim, Senhor, tu sabes
que te amo. Disse-lhe Jesus: Apascenta os meus cordeiros. **17**
Perguntou-lhe pela terceira vez: Simão, filho de João, amas-
-me? Pedro entristeceu-se porque lhe perguntou pela terceira
vez: Amas-me?, e respondeu-lhe: Senhor, sabes tudo, tu sabes
que te amo. Disse-lhe Jesus: Apascenta as minhas ovelhas.

Pedro era um dos apóstolos em que Jesus mais confiava. Por causa disso ficou conhecido como o Príncipe dos Apóstolos. Antes de ser escolhido para ser um dos doze discípulos, ele era um humilde pescador e se chamava Simão. Jesus é que lhe acrescentou o nome Pedro, que significa pedra. Isso mostra que Jesus esperava dele firmeza, amizade e confiança.

No dia em que Jesus foi preso e levado à presença de Seus juízes, Pedro negou três vezes quando perguntaram se ele tinha alguma ligação com o Mestre. Agora, é Jesus quem se dirige a Simão Pedro e faz três perguntas. Três perguntas iguais, como se quisesse dar ao discípulo a chance de repensar as três negações que fez. Jesus quis deixar claro que só confiaria Sua missão a alguém que Lhe fosse fiel.

E qual é a missão que Ele quer passar a Pedro? É tomar conta de Suas ovelhas. Já vimos no capítulo "O Bom Pastor" que essas ovelhas somos nós. É toda a humanidade. Jesus está prestes a encerrar Sua passagem pela Terra e voltar para junto de Deus. Mas antes quer deixar alguém que leve adiante o trabalho que começou. E Pedro aceita a missão porque era fiel a Jesus. Funda em Roma a primeira Igreja Católica. Pedro foi o primeiro Papa.

Jesus confiou em Pedro. E ele retribuiu a confiança que Jesus transmitiu a ele. Como é maravilhoso poder confiar em alguém! Ter um grande amigo. Um amigo que vai ouvir os nossos segredos e não vai sair espalhando por aí. Um amigo com o qual podemos contar nos momentos de alegria e de tristeza também.

Jesus pergunta a Pedro: "Amas-me?". Do mesmo jeito que perguntamos ao nosso melhor amigo: "Posso te contar um segredo?". A gente sabe que pode, mas pergunta mesmo assim.

Porém a confiança não é um caminho de uma só direção. É um sentimento que se compartilha, é algo que só pode existir quando está nos dois lados. Sabe qual é a origem da palavra confiar? Vem do latim *confidere*, formado por *con* (junto) e *fidere* (ter fé).

Confiança só acontece a dois, quando um respeita o outro. Quando um conhece o outro muito bem. Como é possível confiar em alguém que não conhecemos direito? Você só pode ter um amigo fiel se também for fiel ao seu amigo. Se ele também puder contar com você em todos os momentos. Pedro amava Jesus, mas Jesus também o amava.

Confiar não é ser bonzinho. Nem é fazer papel de bobo. Confiar é ter responsabilidade pelo que você faz. É ser honesto. É ser correto com seu amigo, com seus familiares.

Uma família em que reina a confiança entre pais e filhos é mais unida. Um aluno que confia em seu professor aprende mais e com mais alegria.

Mas para confiar nos outros é preciso primeiro ter confiança em si mesmo. É preciso confiar no Amor Ágape, no amor de Jesus. Ágape é a essência do que é correto. Ágape é confiança em Deus. Portanto, confie sempre, Jesus está com você!

Oração

Senhor Jesus,
Eu confio em Ti
Podes confiar em minha fé.
Podes confiar em meu amor por Ti.
Serei para sempre fiel a Teus ensinamentos.
Serei para sempre fiel a Tuas palavras.

Senhor Jesus,
Eu confio em Ti.
Sei que estás sempre ao meu lado.
Sei que posso confiar em Teu amor.
Sei que nunca me abandonas.
Sei que posso contar Contigo em todas as horas.

Senhor Jesus,
Eu confio em Ti.
A Ti entrego o meu coração.

Amém.

Este livro foi composto em Granjon e impresso em papel *offset* 90 g/m² na Donnelley.
São Paulo, Brasil, abril de 2012.